NOTICE BIOGRAPHIQUE

sur

JOSEPH ÉTIENNE MOREY

INSTITUTEUR DES CÉLESTINES

décédé le 15 Octobre 1874

TROYES

LIBRAIRIE BREVOT-LEBLANC

Rue de l'Hôtel de Ville

NOTICE BIOGRAPHIQUE

SUR

M. L'ABBÉ ÉTIENNE MOREY

FONDATEUR DES CÉLESTINES

NOTICE BIOGRAPHIQUE

SUR

M. L'ABBÉ ÉTIENNE MOREY

FONDATEUR DES CÉLESTINES

Décédé le 15 Octobre 1874

BAR-LE-DUC
TYPOGRAPHIE DES CÉLESTINS
36, RUE DE LA BANQUE, 36

1876

DÉDICACE

C'est à ses pieuses filles dans la foi, c'est à ses anciens élèves, c'est à ses nombreux amis que je me permets d'offrir cette courte et simple biographie sur M. l'abbé Morey, ancien professeur de théologie, ancien supérieur du petit séminaire, chanoine honoraire de la cathédrale de Troyes, fondateur de l'institut des Célestines de Provins.

Dans ces diverses conditions, M. Morey a laissé de si doux et aimables souvenirs, que j'ai pensé être agréable à tous en fournissant quelques détails

1*

sur la vie de ce saint prêtre, de cet homme de Dieu. J'ai voulu aussi donner satisfaction à mon propre cœur, en payant un juste tribut de reconnaissance à la mémoire d'un parent cher et vénéré.

Tout mon désir est là.

L. M.

Gloria filiorum patres eorum.
Le mérite du père fait la gloire des enfants.

NOTICE SUR M. ÉTIENNE MOREY

I.

M. MOREY JUSQU'A LA PRÊTRISE.

M. l'abbé Etienne Morey naquit à Chennegy (1), modeste village du canton d'Estissac, dans le département de l'Aube, le 22 juillet 1794. Cette date du 22 juillet était presque une époque de famille, car son père et son aïeul avaient aussi vu le jour sous les auspices de sainte Madeleine. La naissance de M. Morey fut

(1) D'après un auteur local, l'étymologie du nom Chennegy pourrait être *Chêne guy*, à cause des forêts druidiques qui l'entourent. Le nom de Valdreux que porte le hameau dépendant de Chennegy semble justifier cette supposition.

un peu hâtée par suite d'un violent coup de tonnerre qui avait épouvanté sa mère. Cette particularité fit dire à M. l'abbé Auger qu'il y avait là du phénomène ; car, ordinairement, le tonnerre ne vient qu'après l'éclair, tandis que dans cette naissance c'est l'éclair qui suit le tonnerre. — Il est bien entendu que nous ne voulons pas attacher plus d'importance que de raison à cette coïncidence ; nous avons voulu simplement citer le jeu de mots qu'elle inspira.

Quoi qu'il en soit, M. Morey se fit remarquer, dès ses plus tendres années, par les plus heureuses dispositions à la vertu et à l'étude. Cette disposition à la vertu fut dignement cultivée par ses père et mère, dont la maison passait à bon droit pour la plus exemplaire du pays ; quant à la disposition intellectuelle, elle trouva également un juste apprécia-teur et un guide éclairé dans la per-sonne de M. l'abbé Félix (1), proprié-taire de la ferme tenue par les pa-rents du jeune Etienne. M. l'abbé Félix, en effet, dans ses rapports avec l'enfant, reconnut bientôt qu'il y avait en lui des marques non dou-teuses de vocation ecclésiastique et que même il pourrait fournir une carrière des plus honorables pour le diocèse et des plus utiles pour l'Eglise ; aussi conseilla-t-il de le faire instruire.

(1) M. l'abbé Félix fut grand vicaire de Mgr de Noë, puis de Mgr de la Tour-du-Pin, évêque de Troyes.

M. l'abbé Henriot, curé de Berce-
nay-en-Othe, voulut bien se charger
de donner les premières leçons de
rudiment au jeune Morey. Tous les
jours donc notre petit élève, à peine
âgé de neuf ans, était obligé de faire
à peu près huit kilomètres tant pour
l'aller que le retour. Mais le temps
qu'il y employait n'était pas perdu.
Le long du chemin, Etienne ne s'occupait que de ses livres, et il s'en
occupait si sérieusement que son
travail était achevé, avant même
qu'il fût rentré à la maison. Le
premier jour il apprit d'un seul trait
les cinq déclinaisons, aussi ses
progrès furent tellement rapides,
qu'on dut bientôt penser à lui procurer un maître qui pût lui con-

sacrer plus de temps. Il fut donc placé à Estissac, à l'âge de dix ans, chez un M. Doney, beau-frère de M. l'abbé Félix, où il trouva des condisciples, dont plusieurs, plus tard, devinrent comme lui d'excellents sujets, entre autres M. l'abbé Dollat, aujourd'hui chanoine de la cathédrale de Troyes.

A douze ans, le jeune Morey fut mis en pension, à Troyes, chez M. l'abbé Godot, jusqu'à l'âge de quatorze ans. C'est à cette époque qu'il fut admis à la première Communion, action si importante dont il s'acquitta avec le sentiment et la ferveur d'un ange. Dès ce moment, il avait pris saint Louis de Gonzague pour modèle de dévotion à Jésus-

Christ et à la très-sainte Vierge ; et
le culte qu'il rendait à l'angélique
serviteur de Dieu, lui avait fait
donner le surnom de *petit Louis.*
Deux de ses camarades avaient été
reçus avec lui pour la première
Communion, comme, plus tard, deux
autres lui furent adjoints pour la
prêtrise, circonstances qui contri-
buèrent puissamment à lui rendre
cher le nombre trois.

Il entra au petit séminaire à
quatorze ans, ayant pour supérieur
M. de la Barthe, grand-vicaire de
Mgr de la Tour-du-Pin. Ses humanités
se firent au Collége, où les semina-
ristes allaient prendre leurs leçons,
sous le Principalat de M. l'abbé Lu-
cot, et les professorats de MM. Chavy,

Thévenot, Lefèvre, Lagrange et Chameroy. Grâce à sa grande intelli-
gence et à son application au travail,
ses études classiques furent très-
fortes et couronnées de magnifiques
succès.

Mais ce qui, en lui, dominait et
relevait ces talents distingués, c'était
la piété ; nous pouvons en fournir la
preuve. Il existait alors, au séminaire, une société de vertueux jeunes
gens qui se livraient à une sorte
d'apostolat. Unis par les liens d'une
religieuse amitié, ils s'étaient donné
la mission d'accueillir les nouveaux
entrants, afin de les soustraire à la
légèreté et à la dissipation, et de les
préparer de loin à la carrière sainte
qu'ils se proposaient d'embrasser.

Le jeune Morey était signalé surtout
parmi ces zélés séminaristes, et ses
exemples, plus encore que ses dis-
cours, étaient tout-puissants pour
porter à la vertu les jeunes élèves
du sanctuaire qui s'enrôlaient sous
son patronage. Un prêtre des plus
pieux (1), après un laps de plus de
cinquante ans, se rappelait encore
avec bonheur le jour où, admis au
séminaire, il se vit reçu par ces protecteurs de l'innocence. « J'avais
« déjà un certain âge », nous racon-
tait-il, « quand j'entrai au séminaire :

---

(1) M. l'abbé Auger, qui consacra presque toute
sa vie au petit séminaire de Troyes. — Il citait
comme chef de cette société : M. Morey, M. Boc-
quillon, mort à la fleur de l'âge, M. Lefèvre, décédé, doyen de Brienne, et M. Darcy, archiprêtre
d'Avallon, au diocèse de Sens.

« j'étais en troisième. Aussi je me
« souviens toujours des paroles qui
« me furent adressées par ces fer-
« vents Messieurs qui étaient en rhé-
« torique : Venez avec nous, me
« dirent-ils, vous apprendrez bientôt
« combien il est doux de vivre avec
« des frères, et combien le joug du
« Seigneur est léger ».

Une telle association produisit les
meilleurs effets. Elle fut la source
de ce nombre considérable de bons
prêtres qui, à cette époque, se ren-
dirent recommandables par leurs
vertus et leurs talents dans la science
sacerdotale.

M. Morey termina ses humanités à
dix-huit ans. Il fut envoyé alors,
comme professeur, à la pension de

Pont-sur-Seine, où il resta deux années.

Après les événements de 1814, M. Morey entra au grand séminaire. Il fit sa philosophie sous M. Chameroy qui, par la suite, entra chez les Sulpiciens et mourut depuis en odeur de sainteté à Avignon. M. Morey eut pour maîtres en théologie MM. Godot, Chameroy et Jolly. Il n'avait que vingt-trois ans environ quand il termina ses cours de philosophie et de théologie, durant lesquels il s'était montré constamment ce qu'il avait été dans ses humanités, un élève des plus distingués. Nul, dit-on, ne parlait plus purement et plus facilement que lui le latin ; nul mieux que lui, en même

temps, ne savait présenter un argu-
ment ou répondre à une objection.
D'autre part, ses maîtres trouvaient
en lui un esprit droit, un cœur
pur, une âme ardente pour le
bien : qualités qui le leur rendaient
cher, qui les autorisaient à attendre
beaucoup de lui, et leur faisaient dé-
sirer ardemment de le voir promu au
sacerdoce. M. Morey n'ayant pas l'âge
prescrit par les canons pour être admis à la prêtrise, on fut obligé de
demander à Rome une dispense en sa
faveur. Notre pieux lévite tremblait à
la pensée du redoutable fardeau qu'on
voulait lui imposer. Il fit donc une
neuvaine pour demander à Dieu, par
l'entremise de la sainte Vierge, que la
dispense éprouvât des retards et n'ar-

rivàt pas à temps. « Oh ! » disait-il à ses
compagnons d'ordination, « je prierai
si bien notre bonne Mère, que je serai
exaucé... » La retraite préparatoire
à l'ordination suivait en effet son
cours ; elle touchait presque à son
terme, que la réponse de Rome
n'était pas encore reçue. Pourtant,
le dernier jour, veille de l'ordination, cette dispense si redoutée par-
vint à l'évêché. A cette nouvelle,
M. Morey tomba dans une espèce
d'abattement et de prostration. Non
pas que cette âme généreuse craignît
d'engager sa liberté ; mais qui ose-
rait accepter sans peur ces augustes
et terribles fonctions ?... Cependant,
sa foi triomphant, il se soumit à la
volonté de Dieu et marcha avec une

sainte résignation à l'autel du Seigneur. C'était le 16 mai 1818, veille
de la Trinité.

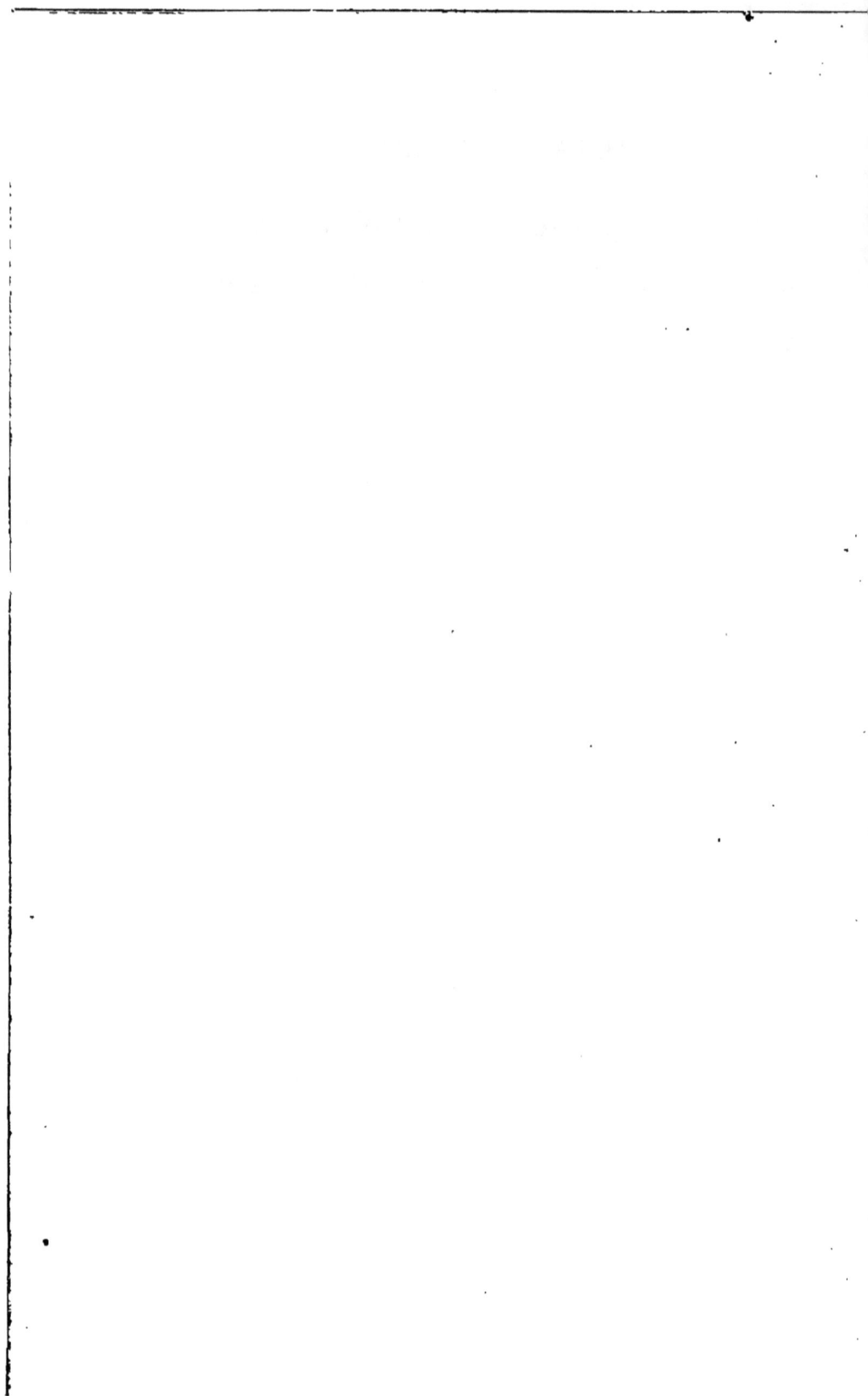

II.

M. MOREY PROFESSEUR ET SUPÉRIEUR.

L'intention de ses supérieurs était de nommer M. Morey vicaire de la cathédrale, afin de l'avoir continuellement sous les yeux et de pouvoir ainsi le préparer à de plus hauts emplois. Mais sa frêle santé ne lui permit pas d'occuper ce poste, et il fut, peu de temps après son ordination, placé à Saint-Urbain, vicariat qui demandait moins de forces physiques, et qu'il occupa de juillet 1818 à octobre 1820.

Les espérances des supérieurs ne

2

furent pas déçues : le jeune vicaire tint ce qu'il avait promis. Il sut gagner l'affection de son curé, M. Bouillerot, par l'aménité de son caractère, par ses prévenances, par sa soumission. D'un autre côté, il s'acquit bientôt la confiance de la paroisse entière, et, après de longues années, son souvenir était encore vivant au sein des familles chrétiennes.

Cependant, nous l'avons dit, l'autorité avait des vues plus élevées sur M. Morey. En 1820, il fut appelé comme professeur de dogme au grand séminaire. Il occupa cette chaire pendant six ans, MM. Fournerot, Godot et Douine étant directeurs de la maison.

C'est alors que, tout étant profes-

seur et résidant au séminaire, il
fut chargé de desservir, et desservit
en effet, pendant quatre ans, avec
une remarquable régularité, malgré
son éloignement relatif, la paroisse
de la Chapelle-Saint-Luc, petit village
près de Troyes. Il y captiva promp-
tement les cœurs et si bien qu'on peut
dire en vérité que jamais curé ne fut
davantage aimé dans une paroisse.

De plus, le presbytère de la Chapelle-Saint-Luc était comme la maison de plaisance d'une partie du clergé de la ville, et surtout des séminaristes. Madame Morey mère, qui l'ha-
bitait, en faisait les honneurs avec
une grâce et une générosité qui
avaient des attraits pour tous ; elle
était comme la mère de tous ceux

qui accompagnaient son fils, ou qui
lui étaient recommandés par lui.
Pour mon compte, je n'oublierai jamais les belles journées passées à la
Chapelle-Saint-Luc, dans mon jeune
âge, dans la société d'amis et même
de hauts personnages dont je me
trouvais ainsi l'honoré commensal.

Néanmoins cet état de choses ne
pouvait durer longtemps. Un poste
plus éminent confié à M. Morey allait
réclamer tous ses soins et ne plus
lui permettre le gouvernement spirituel d'une paroisse. En 1826, M. Morey fut nommé supérieur du petit
séminaire ; il n'avait encore que
trente et un ans. Mais il était si mûr
de caractère et si fondé en science,
que, chez lui, le mérite avait devancé

les années. Je n'entrerai pas dans le détail de son administration qui fut toujours bonne et toute paternelle. Je me contenterai de citer, dans son supériorat, un incident qui fut comme le prélude des difficultés plus graves qui survinrent dans la suite, et qui donnera la clef des déterminations ultérieures prises par M. Morey.

On n'a pas oublié les fameuses ordonnances du 16 juin 1828, qui excitèrent un si profond mécontentement dans le clergé français, et de si vives réclamations de la part des évêques: ordonnances par lesquelles, entre autres dispositions, huit petits séminaires, tenus par les Jésuites, furent soumis au régime de l'Université, ce qui veut dire supprimés, et l'obliga-

2*

tion imposée à tout supérieur ou professeur d'un petit séminaire quelconque, d'affirmer par écrit qu'il n'appartenait à aucune congrégation non reconnue par l'Etat. Absolument, un prêtre qui se trouvait dans ces conditions, pouvait donner cette affirmation ; mais comme cette exigence du gouvernement était une mesure vexatoire à l'égard de la Compagnie de Jésus qu'il avait particulièrement en vue, et passablement injurieuse envers l'Eglise, il répugnait à une conscience délicate de s'y prêter. Aussi, lorsque sur la demande du ministre, l'évêque de Troyes s'adressa aux supérieurs et professeurs de son petit séminaire, pour l'exécution de l'ordonnance en question, M. Morey

répondit que sa conscience se refusait à signer une telle déclaration ;
non qu'il appartînt à aucune congrégation, mais parce qu'il ne voulait
pas se rendre, ou du moins paraître
se rendre complice de vexations injustes et d'un caractère pour le moins
irréligieux. «Cependant», ajouta-t-il,
« je ne prétends nullement imposer
« ma manière de voir aux directeurs
« qui partagent avec moi la conduite
« du séminaire ; je ne parle ici qu'en
« mon nom et pour moi seul ». L'un
des directeurs se levant alors, expri-
ma le même sentiment, et déclara
que tous ils étaient de l'avis de Monsieur le supérieur. — Mgr des Hons
n'insista pas, et bien que le refus de
Messieurs les directeurs dût le con-

trarier, il respecta néanmoins leur délicatesse sur l'article en question.

Nous arrivons à 1830 et aux décisifs événements qui vinrent briser ou plutôt changer la carrière du supérieur du petit séminaire. Exposons brièvement les faits qui amenèrent sa démission, faits peu connus, mal compris ou mal interprétés.

La révolution de juillet 1830 avait eu pour effet, en France, de jeter dans les esprits des idées subversives qui tendaient à détruire le principe d'autorité. C'était une fièvre générale qui brûlait le sang de presque tous, du petit au grand. Les élèves même du petit séminaire y apportèrent, au retour des vacances, quelque chose de ces turbulentes et fâcheuses dispositions. Malgré les directeurs, on s'organisait en une espèce de garde nationale ; on s'était créé un drapeau tricolore ; on chantait la *Parisienne* ; en un mot, les récréations échauffaient tellement les têtes que, difficilement, le calme renaissait pour l'étude et les classes.

Monsieur le Supérieur, en homme de sens et d'expérience, vit bien qu'il était impossible de comprimer, d'un seul coup, cette effervescence juvénile ; il comprit qu'il valait mieux essayer de la ramener à la tranquillité par une sage lenteur et par des moyens détournés.

Pour cela, il mit à profit la pensée d'un jeune séminariste. Cet élève avait composé une pièce de vers cal-

qués sur la *Parisienne* ; c'était un
cantique, au lieu d'un chant profane
et politique. M. Morey l'ayant retou-
ché, il fut répandu et chanté, et bientôt on put espérer que l'hymne révo-
lutionnaire serait oublié.

Mais quand le transport agite un
malade, le médecin est le premier
maltraité. Dans un incendie, on ne
touche pas impunément aux bran-
dons enflammés, quand même c'est
pour les éteindre. Ce nouveau chant
religieux, substitué à la *Parisienne*,
fut remis, comme curiosité, par un
élève (Av... de Ram) entre les mains
d'un de ses parents (M. Br...) Ce per-
sonnage, qui croyait avoir des griefs
contre M. Morey, porta cette pièce au
rédacteur du journal de Troyes, le

Propagateur, et, après qu'elle fut odieusement dénaturée, on la lança dans le public.

Voici un échantillon du travestissement qu'on lui fit subir.

L'un des couplets était ainsi conçu :

France, ne sois plus misérable,
Vois le bonheur t'ouvrir les bras ;
Mais aussi ne sois plus coupable,
Et *du Seigneur* fais les combats.

En avant, marchons, contre les démons
Méprisons l'impie et ses cris furibonds,
Qu'à Dieu soit la victoire. *(Bis)*.

au lieu de :

Et du Seigneur fais les combats ;

on faisait dire :

Et *des Seigneurs* fais les combats ;

ce qui signalait l'auteur comme aris-

tocrate, note très-dangereuse à cette
époque. Un autre couplet portait:

> Sous les drapeaux du Roi de gloire,
> Rallions-nous, soldats sacrés ;

Ici on remplaçait *nous* par *nos* ; ce
qui donnait un sens bien différent.
Des altérations de même nature
avaient été commises dans le reste.

Le préfet, M. de Saint-Didier, eut
bientôt connaissance de cette parodie
de la *Parisienne*, et, au milieu d'une
soirée à laquelle Mgr de Séguin assis-
tait, il dénonça à ce prélat le supérieur de son petit séminaire comme
un homme hostile au gouvernement.
L'évêque répondit au préfet qu'il devait y avoir là quelque malentendu,
qu'il connaissait son supérieur, et
qu'il était certain qu'il ne voulait

faire aucune opposition à l'administration.

Mᵍʳ de Séguin fit connaître à M. Morey l'orage qui le menaçait, et lui
demanda ce qu'il y avait de vrai dans
cette inculpation. M. Morey n'eut pas
de peine à se justifier en faisant voir
les indignes mutilations que l'on
avait fait subir à son travail. « Je sa-
« vais bien », reprit le prélat, « je sa-
« vais bien qu'il y avait là-dessous
« quelque erreur ou quelque méchan-
« ceté; je verrai ce préfet et je lui
« dirai ce qu'il en est ».

Mais M. de Saint-Didier, homme de
tempête, ne voulut rien entendre ; il
persista à croire M. Morey coupable,
et à montrer du mauvais vouloir à
son égard.

3

Mgr de Séguin, qui était excellem-
ment bon, mais un peu faible et
craintif, tremblait pour les consé-
quences d'un signe de fermeté. M. Morey vit et comprit les perplexités de
son évêque, et, aussitôt, par un généreux dévouement, faisant le sacrifice de sa personne, il se décida à devenir victime pour ne pas troubler
la paix. Mais, afin de ne laisser aucun scrupule dans l'âme de son
évêque, M. Morey demanda lui-même
à se retirer, au moins pour quelque
temps, du séminaire et de la ville
même. Il prévoyait que de nouvelles
instances seraient faites relativement
à la signature de la fameuse déclaration.

Ne voulant donc susciter aucune

nouvelle difficulté , il résolut de
s'expatrier de son plein gré, pour
laisser aux directeurs du séminaire
liberté entière de revenir sur leur dé-
cision première, s'ils le jugeaient
convenable.

Heureux de ce que M. Morey venait de lui-même à son aide pour le
tirer d'embarras, et assuré que le
supérieur de son séminaire lui faisait ces offres dans la sincérité de
son cœur, Mgr de Séguin accepta sa
proposition, je puis dire, avec reconnaissance, promettant bien, qu'aussitôt la crise passée, il s'empresserait
de rappeler son généreux et volon-
taire exilé.

Voilà sur tous ces événements
l'exacte et entière vérité recueillie

de la bouche de M. Morey lui-
même (1).

Avant de suivre M. Morey dans sa

(1) Sollicité souvent de mettre ses souvenirs
par écrit, M. Morey ne voulut jamais y consentir.
« Pour me débarrasser », écrivait-il, « je voudrais
« pouvoir redemander au vent, à la flamme cer- ·
« tains écrits et vous les envoyer les yeux fermés;
« mais le néant les a trouvés de bonne prise. Si
« vous voulez que je ressuscite, priez donc, car
« je suis mort, et de plus je me plais dans mon
« tombeau... et encore on ne pourrait évoquer
« qu'une ombre: on serait trompé, illusionné, et
« j'aime tant la vérité !...

« Je ne dis rien », répondait-il un autre jour,
« de votre demande biographique ; que mon ange
« gardien vous parle, moi, je ne sais presque rien
« et je mentirais... à quoi bon penser au temps ?
« il va finir... pourquoi s'occuper des hommes ?
« ils valent si peu... pourquoi une autre histoire
« que celle du *Credo ?* oh! qu'elle est belle et
« vraie celle-là ! qu'elle est grande et courte à la
« fois ! c'est l'histoire de Dieu, de l'homme, de la
« terre , du ciel, l'alpha et l'oméga de toutes
« choses, et sa conclusion est la fin de tous les
« événements... »

retraite, nous ne voulons pas nous
faire l'écho de graves accusations
portées contre certains personnages
qui auraient su profiter des circonstances fâcheuses actuelles pour ai-
der à la ruine du supérieur du petit
séminaire ; nous aimons mieux entrer dans la pensée de charité qui a
toujours guidé M. Morey. Ici, comme
plus tard encore, M. Morey ne voulut
jamais croire à l'envie voilée sous
de menteuses démonstrations. Et
comme, un jour, nous avions pris la
liberté de lui exprimer nos doutes
sur la sincérité de celui-ci et de ce-
lui-là : assez, assez, nous répondit-il ;
« quand cela serait vrai, j'aimerais
« mieux être trompé, que de tromper
« les autres ». La belle âme de

M. Morey est tout entière dans ces paroles (1).

En quittant Troyes, M. Morey se dirigea vers la ville de Sens. Arrivé sur le soir du premier jour à X...., il alla demander le gîte de la nuit au Curé de ce pays, M. Z... , son ami d'enfance. Mais, hélas! M. Morey eut la douleur de voir se vérifier le proverbe :

Dum felix fueris, multos numerabis amicos;
Tempora si fuerint nubila, solus eris.

La servante du presbytère fit réponse au supérieur du petit sémi-

(1) Du reste, une sainte me l'a dit, écrivait-il : tout le monde prétend vous aimer, et tout le monde vous fait de la peine... Mais qu'il est heureux ce petit exilé de 1830 d'avoir la langue et la main vierge de toute félonie !

naire que son maître était souffrant,
et qu'il était impossible de disposer
d'un lit en sa faveur. Quelle déception, quel crève-cœur pour M. Morey!
La maladie du curé de X... pou-
vait-elle être aggravée par la présence d'un ami ? ou plutôt, M. Z...
craignait-il de se compromettre,
pour l'avenir, en recevant chez lui
celui que pourchassait l'administration ? C'est ce qu'on ne peut décider.
Toujours est-il que M. Morey fut
obligé de solliciter d'un aubergiste
l'hospitalité qu'il ne trouvait pas
chez un confrère.

Mais la Providence qui sait tirer le
bien du mal, fit que le refus infligé
à M. Morey devint pour lui une mar-
que de protection céleste. En effet,

dès le lendemain matin, le bruit s'é-
tait répandu dans X... que le supérieur du petit séminaire était en fuite.
Les gendarmes, le croyant au presbytère, se présentèrent pour se sai-
sir de lui. Apprenant qu'il avait
passé la nuit ailleurs, ils firent dili-
gence, espérant encore le trouver :
ils comptaient sans leur hôte. M. Morey s'était empressé, dès le grand
matin, de secouer la poussière de
ses pieds sur un pays si peu gracieux ;
il avait repris et continué sa route
vers Sens ; à peine avait-il fait quelques pas, qu'une voiture, venant à
sa rencontre, le mit bientôt à l'abri
de toute poursuite. Cette coïncidence
mérite explication. Quelques jours
avant son départ de Troyes, un prê-

tre du diocèse de .... se présentait
à M. Morey pour le prier d'user de
son crédit, afin de le faire agréer
dans le diocèse de Troyes. M. Morey
fit comprendre à ce prêtre que, vu
sa position présente, sa recomman-
dation n'aurait peut-être pas la valeur d'autrefois. « Mais », lui dit-il,
« allez à Sens , puis, tel jour venez à
« ma rencontre et je tâcherai là de
« vous rendre le service impossi-
« ble ici » .... C'était ce prêtre
étranger qui venait au secours du
généreux exilé renié par les siens.
Quelle leçon !

M. Morey, en arrivant à Sens, fut
amplement dédommagé de la froi-
deur, de l'abandon dont la ville de
Troyes l'avait affligé. L'archevêque,

Mgr de Cosnac, l'accueillit avec em-
pressement et à bras ouverts ; il
l'établit aumônier provisoire des
Dames Religieuses de Nevers, chez
lesquelles l'ex-supérieur fut comblé
de témoignages d'intérêt et de pieuse
dilection. La Providence, toujours
libérale à l'égard de ceux qui se con-
fient en elle, fit envoyer, par une personne inconnue, une somme importante qui couvrit largement les frais
de séjour de M. Morey dans cette
communauté.

Mgr de Cosnac fit plus : il essaya
d'attacher M. Morey à son diocèse
par les offres les plus bienveillantes.
Mais, quoique pénétré de reconnaissance pour de si augustes bontés,
M. Morey refusa constamment ces

avances, comptant sur la parole que lui avait donnée son évêque de le rappeler au plus tôt.

En effet, après quelques mois, M#gr# de Séguin, réalisant ses promesses, voulut réintégrer dans ses fonctions le supérieur de son petit séminaire, dont la place avait été occupée jusque-là, provisoirement, par un grand-vicaire, M. Fournerot. Mais des préventions avaient été transmises au nouveau préfet, Siéyès, contre la victime faite par son prédécesseur. Monseigneur, alarmé de ces fâcheuses dispositions du pouvoir civil, et, peut-être, ainsi qu'on l'a dit alors, circonvenu par certaines intrigues, se crut obligé d'attendre encore un temps plus opportun pour

effectuer ses intentions. Ne pouvant
donc mieux faire, il proposa à M. Morey le choix d'une de deux paroisses
vacantes dans le voisinage de Troyes.
Evidemment, ni l'un ni l'autre de
ces deux postes ne répondait à son
mérite personnel, à ses goûts, à ses
habitudes : d'autre part, c'était donner gain de cause aux premières
injustices et confirmer les ignorants
dans leur fausse opinion de culpabi-
lité. Aussi, devant cette proposition,
des tentations d'amour-propre étaient
bien naturelles ; mais l'abnégation
seule inspira à M. Morey sa conduite.
Il accepta ; et l'obéissance s'unissant
au sacrifice, la paroisse qui avait été
nommée la première par l'évêque
fut choisie de préférence, sans au-

cune visite préalable, comme étant celle qu'assignait la Providence. Il faut pourtant dire que cette position n'avait été donnée par Mgr des Hons que pour un temps ; le presbytère ne devait être qu'un pied-à-terre en attendant des jours plus favorables. Quoi qu'il en soit, M. Morey prit possession de la cure de Verrières sous le patronage de tous les Saints, le 1er novembre 1831.

Dieu accepta et récompensa bientôt le sacrifice et l'obéissance de son généreux disciple. De signalées bénédictions se répandirent sur cette mission que M. Morey avait acceptée avec tant de dévouement. Ce pays qui ne connaissait presque plus les pratiques religieuses, et où les sacrements étaient négligés plus que partout ailleurs, prit peu à peu une physionomie chrétienne, et, au bout de quelques années, il n'était plus reconnaissable, tant il avait fait de progrès dans le bien.

Néanmoins, le zèle de M. Morey ne se bornait pas seulement au petit troupeau qui lui était confié tout spécialement, il avait encore à s'exercer à l'égard de plusieurs personnes dont il avait gardé la direction dans la ville épiscopale. Chaque semaine M. Morey était appelé à Troyes ; mais sa paroisse ne souffrait pas de ses absences. La preuve, c'est que pendant les huit années de sa résidence à Verrières, à l'exception d'un seul individu qui mourut subitement, pas une âme ne parut devant Dieu sans réconciliation.

Le nom de M. Morey ne s'était pas éteint dans son humble habitation. Les charmes de sa personne, les attraits de ses talents, l'odeur de ses vertus lui amenaient chaque jour une foule d'anciens amis et d'admirateurs. Sur tous il exerçait un ascendant qu'il ne recherchait certainement pas et que tous acceptaient et aimaient. Le presbytère de Verrières devint, pour ainsi dire, le rendez-vous, le but des promenades des environs et de la ville. Mgr de Séguin l'honora lui-même plusieurs fois de sa visite. En sorte que l'on peut légitimement avancer que l'adversité ne faisait que grandir davantage celui qu'elle semblait devoir abattre.

Malgré tout, Mgr des Hons n'oubliait pas les assurances données à l'ancien supérieur de son petit séminaire ; il songeait toujours à lui procurer une position plus digne de ses mérites. En 1835, la cure de Saint-Pantaléon de Troyes étant devenue vacante, Monseigneur saisit cette occasion pour appeler M. Morey dans sa ville épiscopale, en lui confiant un titre inamovible. Ce projet encore ne devait pas aboutir. Le préfet, Siéyés, ne consultant que les notes laissées sur le compte de M. Morey, ainsi que nous l'avons déjà fait remarquer, ne voulut jamais consentir à appuyer cette nomination. Bien plus, il déclara positivement qu'il mettrait tout en œuvre pour la faire échouer près du ministre, si l'on s'obstinait à la faire parvenir jusqu'à lui. Plusieurs personnages laïques offrirent alors de faire des démarches jusqu'à Paris, s'il le fallait, pour obtenir la réussite de la candidature du curé de Verrières. Mais, nous l'avons dit, malgré son excellent vouloir, Monseigneur n'était pas homme de lutte. Il ne sut exprimer que des regrets à l'élu de son choix. D'un autre côté, M. Morey, remerciant ses protecteurs de leurs bienveillantes intentions, refusa positivement de devenir titulaire de par leurs influences. L'affaire fut donc abandonnée, et la cure donnée à un autre (M. B...). C'était la Providence qui menait les hommes et qui se servait de leurs passions pour arriver à ses fins ; car M. Morey ne devait pas rester plus longtemps dans le diocèse. Cependant, avant de partir pour une mission nouvelle, M. Morey désira avoir une entrevue avec le préfet. Il sollicita donc une audience particulière de ce magistrat dont il n'était point du tout connu personnellement. Après s'être nommé, M. Morey exposa à M. Siéyés que sa visite n'était nullement intéressée, et que, s'il se présentait devant lui, ce n'était ni pour lui faire part de ses déceptions dans le passé, et encore moins de ses espérances pour l'avenir. « J'ai « voulu uniquement », lui dit-il, « faire « savoir à l'autorité civile que je « n'étais pas un homme aussi dange-

« reux pour l'ordre qu'on a semblé
« le craindre et le croire. Pour ce qui
« me concerne, ajouta-t-il, j'aurais
« pu m'abstenir de cette déclaration.
« Mais, comme on veut bien m'accor-
« der quelque considération, tant
« dans le clergé que dans le monde ;
« comme ma maison a été fréquentée
« par une infinité de personnes dont
« j'ai été l'ami ou le supérieur, je
« tiens à ce que nul ne soit compromis
« pour les visites qui m'ont été faites,
« et c'est pour cela que je veux être
« connu de l'autorité civile. Non, Mon-
« sieur le préfet, je ne suis en aucune
« façon l'ennemi du gouvernement ;
« je sais, avec saint Paul, que tout
« pouvoir vient de Dieu ; et, quelles
« que soient mes sympathies, je res-

« pecte ceux que le ciel a placés sur
« le trône. Loin donc que j'excite
« qui que ce soit à la rébellion, je
« serai toujours le premier à prêcher,
« en public comme en particulier, la
« soumission, l'obéissance et la fidé-
« lité ».

Quand le préfet entendit cette profession de foi, il en fut tout surpris
et comme attéré. « Quoi ! Monsieur »,
dit-il, « c'est vous que l'on m'a dé-
« peint comme un homme de cabale
« et de manœuvres politiques ! J'ai été
« odieusement trompé. Vos maximes
« sont irréprochables. Je regrette
« de ne pas vous avoir vu et connu
« plus tôt ; je ne me serais jamais
« opposé aux désirs de Monseigneur à
« votre égard. Mais soyez sûr qu'à la

« première occasion nous réparerons
« le passé, et que je me ferai un
« devoir de contribuer à vous placer
« selon vos mérites ». — « Monsieur
« le préfet », reprit M. Morey, « j'ai
« eu l'honneur de vous dire en com-
« mençant que ma visite n'était nul-
« lement intéressée. Je vous remercie
« de vos bonnes dispositions ; mais
« je ne crois pas qu'elles se réalisent
« jamais à mon avantage, car je dois
« quitter bientôt le département ».

Et, après avoir offert ses civilités,
M. Morey prit congé du préfet.

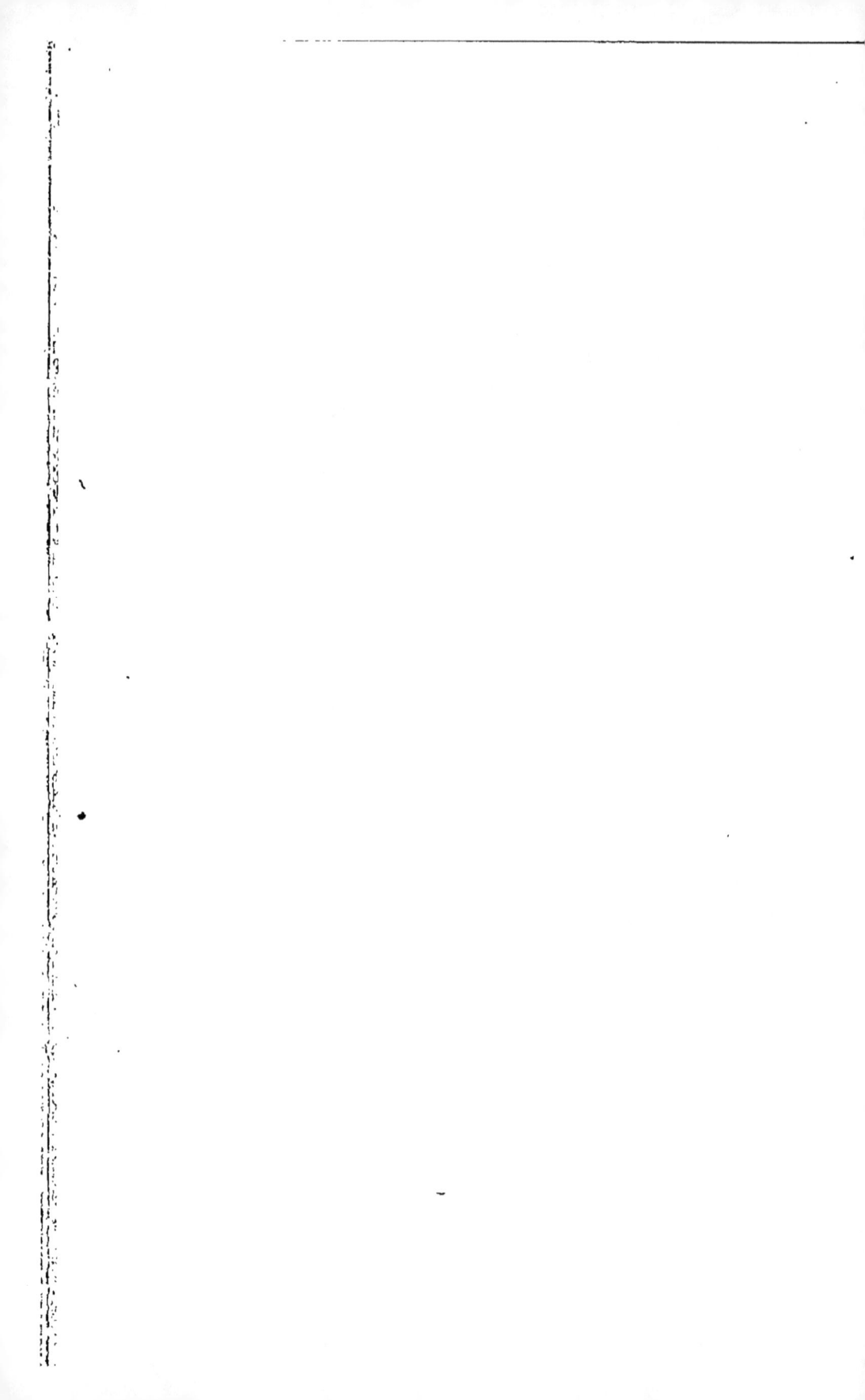

III.

M. MOREY FONDATEUR DES CÉLESTINES

Les misérables tracasseries susci-
tées à M. Morey n'étaient certainement pas la cause de son départ du
diocèse. Un autre motif, bien plus
sérieux, réclamait alors sa présence.
M. Morey avait fondé à Provins un
établissement religieux qu'il diri-
geait de Verrières et qu'il visitait
fréquemment. Néanmoins, voyant
que cette maison ne pouvait se former et s'organiser complétement
que sous sa personnelle surveillance,
il se décida à se démettre de sa cure

pour aller donner tous ses soins à
sa nouvelle famille spirituelle. Mais
nous devons ici revenir sur nos pas,
afin de mieux faire comprendre l'ori-
gine de l'Institut des Célestines.

La Providence, incompréhensible
dans ses voies, permet souvent, pour
ne pas dire toujours, que les hommes
qu'elle destine à réaliser ses desseins,
soient éprouvés d'avance, et, pour
ainsi parler, passés au creuset. La
Sainte Ecriture et l'histoire ecclésiastique nous en fourniraient des
exemples multipliés. Nous sommes
donc assurés que si Dieu fit descen-
dre M. Morey du faîte des honneurs,
s'il lui retira l'approbation des
hommes et le cœur de ceux qu'il
regardait comme ses amis ; s'il vou-

lut même le faire boire au calice des humiliations, c'est qu'il le préparait à une œuvre privilégiée. Nous allons nous en convaincre.

Pendant les jours qu'il passa à Sens chez les dames de Nevers, M. Morey fut appelé à prêcher une retraite chez les religieuses du même Ordre, au pensionnat de Provins. Les personnes chrétiennes de la ville étaient admises à prendre part à certains exercices et à entendre quelques prédications. Parmi ces personnes se distinguait, par son assiduité, par son zèle et sa piété, Mademoiselle Louise Chantal Verrine (1). Elle avait choisi M. Morey

(1) Une autre version porte que la première entrevue de M. Morey et de Mlle Verrine eut lieu

pour son directeur. Un jour, elle
vint le trouver et lui communiqua
le projet qu'elle avait formé d'établir
un Ouvroir pour les jeunes filles pau-
vres de la ville. Tout en approuvant
sa pensée, son directeur l'engagea
à différer son entreprise, lui expo-
sant que lui-même avait l'intention
de fonder un Institut nouveau, et
que les deux idées pourraient se
fondre dans un même plan. Mlle Verrine accueillit cette proposition de
M. Morey, et, à partir de ce moment,
il se forma entre eux communauté
de vues et de préparation, en attendant communauté d'action. Après de

à l'issue d'un sermon fait par ce même ecclésiastique, dans l'église de Saint-Ayoul, sur *nos obli-
gations envers la Sainte-Trinité.*

nombreuses correspondances et plusieurs visites à Verrières, Mlle Verrine vint faire une retraite au couvent de la Visitation, de Troyes, afin de pouvoir mieux étudier les volontés de Dieu à son égard, et de se mettre en mesure de les accomplir dans la suite.

Tout à coup des difficultés imprévues vinrent à surgir. Mademoiselle Allou, native de Provins, et sœur de M. l'abbé Allou, alors grand-vicaire de Meaux, qui avait été de moitié dans le projet d'Ouvroir, ne vit qu'avec peine l'extension que l'on voulait donner à l'idée première. Peut-être aussi que la présence d'un étranger contrariait un peu le désir d'accomplir par soi-même une œuvre que l'on regardait comme de localité. Quoi qu'il en soit, après les pourparlers convenables , les obstacles parurent levés et on put espérer de pouvoir bientôt travailler librement à l'exécution du plan commun adopté.

Maintenant, qui avait donné à M. Morey l'idée d'un Institut nouveau? Nous allons le dire. En 1831, au couvent de la Visitation, de Troyes, une sainte religieuse, sœur Marie-Pierre Romaine , connue dans le monde sous le nom de Thérèse-Agathe Serré, regardée dans la communauté comme favorisée du don de prophétie, avait révélé à M. Morey, son directeur, qu'il lui semblait que Dieu lui avait fait connaître sa volonté

de voir se former un Institut nouveau dont lui, M. Morey, serait le
fondateur. Nous avons sous les yeux
le manuscrit authentique de sœur
Romaine ; nous ne croyons mieux
faire que d'en détacher les princi-
paux passages :

« Mon cher Père,

« Puisque vous voulez que j'écrive
« ce que je vous ai communiqué de
« vive voix, il y a quelques jours,
« par rapport à l'établissement d'un
« nouvel Ordre, je le ferai d'autant
« plus volontiers que vous devez en
« être le Père, s'il entrait dans les
« desseins de Dieu qu'il existât pour
« sa gloire ... Voici donc ce qui
« m'arriva : la veille de sainte
« Thérèse (ma patronne), notre Mère

4*

« me fit quelques questions sur la
« fondation qui vous fut proposée
« d'un couvent de la Passion. Je
« lui répondis que, dès mes pre-
« mières années, cette dévotion
« ayant été pour moi comme natu-
« relle, je n'y réfléchissais plus vo-
« lontairement, et, dans un sens,
« l'avais abandonnée pour suivre un
« autre attrait. — Quel est-il votre
« attrait, reprit notre Mère ? — Le
« ciel et Notre-Seigneur ressuscité,
« lui dis-je... Le soir du même jour,
« je crus entendre une voix qui me
« disait : cet attrait est une pureté
« parfaite en toutes choses ; en celles
« qui te sont inconnues et en celles
« qui frappent tes sens, particulière-
« ment en ce qui regarde l'amour

« envers moi ; de sorte que tu vou-
« drais me voir Moi et Jésus-Christ
« mon Fils, ton sauveur et celui de
« tous les hommes, et le Saint-Esprit
« notre amour, continuellement ho-
« norés par toutes les créatures dans
« cette vertu en laquelle tu ren-
« fermes toutes les autres et par la-
« quelle tu désirerais toi-même nous
« rendre un hommage perpétuel,
« nous voyant en elle, Nous et toutes
« nos perfections, plus distinctement
« que toutes les autres vertus, qui
« ne paraissent nous représenter
« aussi bien qu'elle. En effet, Nous
« sommes la pureté même, et, en
« tout, la pureté est notre amour...
« Tout à la perfection ; tout à une
« véritable abnégation ; tout dans

« l'oubli, dans le néant, dans la
« mort à toi-même ; voulant que
« pour jamais ta volonté soit trans-
« formée en la mienne. Tout avec
« moi et par moi, tout pour moi.

« Je découvris ensuite que l'*Ordre*
« que j'aimerais qui se formât en
« l'honneur de la Très-Sainte Trinité
« et de l'immaculée Mère de Dieu,
« sous la dénomination de la virgi-
« nité, eut pour fin de réparer tous
« les outrages faits à cette vertu
« divine depuis la création du monde,
« et obtenir la conservation de la
« *pureté virginale, viduale et conju-*
« *gale* jusqu'à la fin des temps.

« Les Religieuses appelées de Dieu
« à solliciter ces grâces ... feraient
« les vœux solennels et perpétuels

« d'obéissance, de chasteté, de sim-
« plicité intérieure et extérieure.

« L'Education de la jeunesse serait
« le principal accessoire de l'Insti-
« tut ....

« Tout ne devant respirer que la
« pureté dans cet *Ordre*, et annoncer
« le futur séjour de la gloire, ses
« religieuses porteraient des vête-
« ments blancs avec des voiles et
« ceintures bleu d'azur. Mais comme
« les robes blanches ne se pourraient
« conserver longtemps propres, on
« ne les porterait que les jours de
« grandes fêtes et de cérémonies. Le
« reste du temps, elles seraient tou-
« tes en bleu d'azur.

« .... Voulant rappeler, le plus
« qu'il me sera possible, l'auguste

« et premier mystère de notre sainte
« religion, les supérieurs de l'*Ordre*
« porteraient un médaillon en or et
« de forme triangulaire ; et les au-
« tres sœurs un médaillon en argent
« de même forme »...............

. . . .

Le désir de M. Morey était donc de
réaliser la pensée de la pieuse sœur
Romaine ; mais, en même temps, il
voulait faire jouir son diocèse de
cette bonne œuvre et la faire naître de la ville épiscopale. Il s'en ou-
vrit donc à Mgr de Séguin. Mais cet
excellent Prélat, dans sa modestie,
refusa de présider à cette entreprise.
« Non », répondit-il, « je ne veux pas
« m'occuper de cela. — Alors, Mon-
« seigneur, reprit M. Morey, la chose

« n'aura pas lieu. — Je ne dis pas
« cela, répliqua Sa Grandeur ; seule-
« ment je veux laisser cette chose
« que vous me proposez, sortir de
« quelque coin » ... Parole vraiment
prophétique, comme la suite l'a
prouvé.

C'est alors que, se voyant privé de
l'appui sur lequel il comptait, M. Morey résolut définitivement de réunir
son projet à celui de Mlle Chantal
Verrine, et de porter ailleurs un
bienfait dont les siens ne voulaient
pas. Il fit tout ce qui dépendit de lui
pour concilier son entreprise avec
sa résidence dans le diocèse ; c'est
ce qui explique le consentement
qu'il donnait aux desseins de Monseigneur pour une élévation à un poste

plus honorable. Mais du moment qu'il vit que la fondation qu'il voulait établir, ne pouvait s'asseoir sur le sol du pays, il fallut bien recourir à l'hospitalité d'une terre étrangère. Je fais cette remarque, parce que plus d'une fois nous avons entendu reprocher à M. Morey sa sortie du diocèse.

Des propositions furent donc faites à l'évêque du diocèse où les fondements du nouvel édifice devaient être jetés. L'évêque de Meaux, Mgr Gallard, nous aimons à proclamer son nom, s'écria de suite : « Mais c'est « bien, très-bien ; c'est admirable ; « j'approuve de toute mon âme. « Toutefois conférez-en avec mon « grand-vicaire, d'autant plus con-

« venablement qu'il est originaire de
« Provins ».

M. Morey alla donc trouver le
grand-vicaire. M. l'abbé Allou ne se
hâta pas de donner son assentiment
aux projets qui lui étaient soumis, et
il n'en vint là qu'après bien des hési-
tations. Plus tard, devenu évêque, il
ne les encouragea que faiblement,
du moins dans le principe ; et l'on
peut dire que cette affaire, bien que
commencée avec les formes de l'a-
grément et de l'approbation, faillit
échouer et aurait certainement
échoué si, dans l'établissement et le
développement de son œuvre, le pru-
dent et zélé fondateur n'eût agi de
telle manière qu'il ne resta aucun
doute sur son intention de ne rien

faire que sous les auspices de l'autorité ecclésiastique.

Nous ne pouvons nous empêcher
de rappeler ici que la grande loi de
l'épreuve qui s'applique aux élus de
Dieu, s'applique encore avec plus de
rigueur aux institutions et aux
œuvres inspirées du ciel. Avec plus
ou moins de perfection, elles doivent
toutes être formées dans le moule
du Calvaire, selon la pensée d'un
pieux auteur. Elles ne peuvent s'éle-
ver qu'en montant sur la croix. L'Institut des Célestines, que nous croyons
œuvre bénie, fut donc éprouvé et dans
son fondateur et dans ses membres.

Si nous mentionnons les contradictions et les peines qui s'atta-
chèrent aux pas de M. Morey en en-

trant dans sa nouvelle carrière, nous sommes loin de vouloir incriminer les personnes qui les lui suscitèrent; nous croyons sincèrement, au contraire, à la droiture de leurs vues et de leurs intentions. Mais, pour être vrai, il faut bien avouer que la position du fondateur des Célestines fut des plus délicates et des plus difficiles. Entre autres choses nous relaterons que, sur certaines dénonciations inqualifiables, une sorte d'inquisition avait été ouverte contre la doctrine et l'enseignement de M. Morey. Lui, ancien professeur de dogme, lui, continuellement versé dans l'étude de la théologie, avoir été accusé d'enseigner et de prêcher l'erreur! Heureusement que, charitablement averti, il put facilement prouver que sa doctrine n'était pas sa doctrine, mais la doctrine de l'Ange de l'école, saint Thomas. D'autre part, des procédés très-pénibles, des refus très-décourageants, et, j'ajouterai, une espèce de délaissement furent le partage du dévouement le plus généreux. Je ne puis, ni ne veux entrer ici dans des détails, il suffira de dire que la gestion du temporel de la communauté fut même retirée à M. Morey, pour être confiée à un prêtre étranger à l'œuvre. Or, cette manière d'agir, tout en admettant que M. Morey s'entendait mieux dans les choses spirituelles que dans le maniement des affaires temporelles, ne laissait pas que de paraître extraordinaire, attendu qu'il avait plus de droits que tout autre à cette gestion, puisqu'il avait sacrifié tout son avoir, en vendant ses biens patrimoniaux, pour la fondation de son œuvre, et qu'il lui avait consacré son existence entière, avec la gratuité la plus complète. Le cœur de M. Morey dut être bien contristé de ces mesures, qui, tout étant jugées nécessaires, n'en présentaient pas moins un côté rigoureux, et par là même très-pénible (1), comme nous l'avons dit. Mais son humilité lui faisait tout accepter avec soumission à la volonté divine, qu'il

(1) Mes chères Filles, disait M. Morey à ses religieuses, vous ne connaîtrez que dans le ciel toutes les peines dont le cœur de votre Père a été abreuvé.

se plaisait à adorer dans tous les événements quels qu'ils fussent, douloureux ou agréables. «A Dieu ne plaise
« que je me plaigne », nous disait-il.
« Qu'a fait le grand Modèle, ou plu-
« tôt, que ne fait-il pas pour moi,
« comme pour tous, et que reçoit-il?
« Du reste, il est là, toujours là pour
« me protéger, tout en me disant : re-
« garde-moi ! Et puis, quel besoin a-
« t-il de ma coopération ? Et encore,
« l'honneur d'être admis à une colla-
« boration surnaturelle, n'est-il pas
« une rétribution supérieure à tout
« mérite, une récompense inappré-
« ciable ? Oh ! qu'il est bon de tra-
« vailler sous un tel Maître ! et que
« c'est heureux d'être, comme nous
« aimons à nous appeler, un client du

« saint abandon, un religieux de la
« Providence ! »

Des amertumes encore plus grandes, parce qu'elles étaient plus intimes, descendirent dans l'âme de M. Morey. Bien souvent il éprouva, dans l'intérieur de la maison, des oppositions à ses vues et à ses inspirations de fondateur qui amenèrent parfois des tiraillements très-préjudiciables, surtout aux débuts d'un établissement.

Voilà pour ce qui regarde le fondateur. D'autre part, il semble que le démon lui-même, furieux de la naissance d'une œuvre qui pouvait lui ravir ses victimes, ou lui en diminuer le nombre, chercha à l'étouffer à son berceau, en lui suscitant mille épreuves qui devaient tuer son développement.

Sous le rapport physique, des maladies nombreuses et fréquentes qui s'étaient donné comme rendez-vous dans la maison-mère, s'attaquèrent à plusieurs membres de la jeune Congrégation.

Sous le rapport moral, il y eut, de la part de certains sujets, des scènes étonnantes qui, de l'aveu même de théologiens distingués, ont paru ressembler fort à des possessions diaboliques. Que dire surtout de cette religieuse qui, s'attribuant une mission céleste, fit des courses incroyables sur terre, sur mer, en France, à l'étranger, jusqu'à Gaëte même, jusqu'aux pieds du Souverain

Pontife exilé?... N'est-il pas vrai qu'il
y avait là de quoi, non pas seulement
compromettre, mais frapper de mort,
par un discrédit irrémédiable, la
société à laquelle cette religieuse
appartenait dans le cas où elle serait
reconnue pour en être membre ?

Quant aux persécutions des hommes, elles n'ont pas manqué davantage à la fille naissante de l'Eglise ;
et si, maintenant, elle est vue de bon
œil en général, ce n'est qu'après avoir
été maudite par la jalousie et la cupi-
dité. L'autorité civile elle-même fut
obligée de la défendre contre la ca-
lomnie, et de la protéger contre les
vengeances dont on la menaçait.

La fortune s'était mise aussi de la
partie par des revers et des pertes

inattendues et injustes, par des do-
nations onéreuses, par des désertions
inévitables. Un volume ne raconterait
pas tous ces jeux de la contradiction,
de la déception, de la vexation humaine et surhumaine. Mais la conclusion serait : la maison existe, la
maison prospère, *digitus Dei est hic*,
le doigt de Dieu est là !

A la tempête succède le calme. Tandis que son œuvre se formait, le divin Maître semblait sommeiller et
dormir. Mais quand les épreuves
furent assez fortes et assez multi-
pliées, il s'éveilla, il commanda aux
vents et aux flots, et la paix se fit.

Profitant de cet instant de trève,
M. Morey voulut, en 1844, faire le
voyage de Rome et aller demander

au Saint-Père la bénédiction apostolique pour son œuvre naissante (1).
Grégoire XVI accueillit le pieux fondateur des Célestines avec la plus
affectueuse paternité et lui dit : « Oui,
« je bénis le fondateur, je bénis les
« supérieures, je bénis les maîtresses,
« je bénis les élèves... que les Céles-
« tines se répandent sur toute la
« France !... »

Je ne veux pas omettre l'exclama-
tion de l'auguste Pontife lorsque
ayant pris connaissance du but de
l'Institut nouveau, il leva les yeux au

(1) Par la même occasion, M. Morey fit une
excursion à Naples, où il fut témoin du miracle du
sang de saint Janvier ; un pèlerinage à Mugnano,
riche des précieux restes de sainte Philomène ; à
Lorette, où il déposa un exemplaire du prospectus
général de sa Congrégation, aux pieds de la
sainte Vierge, dans la *Santa-Casa*.

ciel et prononça ces paroles : «Ces « Français, comme ils sont ingé- « nieux à trouver les moyens de faire « le bien!»

La bénédiction qu'il venait de recevoir était pour M. Morey le comble de ses vœux ; car son intention n'était pas de solliciter, pour le moment, une approbation canonique qui demande de longues négociations. A ce sujet, le Saint-Père lui dit lui-même : « Ne vous pressez pas « pour demander une autorisation « écrite et revêtue de toutes les for- « malités. Saint Vincent de Paul, qui « s'y entendait, a travaillé trente-six « ans à ses constitutions avant de « les présenter à l'approbation de « l'Eglise ».

Et, en effet, tant qu'un fondateur vit il peut avoir besoin de modifier ses plans selon les temps ou l'expérience.

De son côté M. Corboly-Bussi, premier consulteur, à qui les projets de constitutions avaient été soumis, écrivait à M. Morey : « C'est avec la plus « grande édification que j'ai parcouru « tous les papiers relatifs à cette ins- « titution nouvelle. J'ai respiré avec « délices les parfums de sainteté « qu'on y ressent partout. Je crois « que dans le grand nombre de règles « nouvelles qu'on a dernièrement pré- « sentées à l'approbation du Saint- « Siége, celle-ci est une des plus res- « semblantes aux formes anciennes, « et, par là même, une des plus cor- « rectes pour le dessein. Je partage,

« par conséquent, avec le vénérable
« instituteur, M. Morey, l'espérance la
« mieux fondée que le bon Dieu com-
« blera de ses bénédictions cette fa-
« mille nouvelle, et que le Saint-
« Siége, tôt ou tard, lui donnera son
« approbation formelle ».

Pendant qu'il était à Rome, M. Morey
reçut aussi, de France, deux lettres
qu'il nous paraît opportun de repro-
duire, afin de constater combien le
fondateur des Célestines était loin de
chercher à se soustraire à l'autorité
des *Ordinaires*, et combien ceux-ci
avaient le fondateur en estime et en
vénération.

La première de ces lettres est de
l'évêque de Meaux, et la seconde de
l'évêque de Troyes.

Mgr Allou, sous la date du 5 juin 1844, disait : « J'ai appris avec plai-
« sir, mon cher abbé, l'accueil bien-
« veillant que vous avez reçu du Saint-
« Père, et je suis très-reconnaissant de
« la bénédiction que le pieux et illus-
« tre Pontife a bien voulu accorder
« pour moi et pour tout mon diocèse.

« J'ai ressenti aussi une vive satis-
« faction de savoir que votre Institut
« avait excité de l'intérêt à Rome et
« que le Saint-Père avait daigné en
« faire l'éloge. Il me sera doux d'ap-
« prendre que cet Institut, qui a déjà
« reçu mon approbation, a été encou-
« ragé, et même sanctionné et approu-
« vé par le Saint-Siége. Je fais des
« vœux bien sincères pour que l'es-
« poir que vous avez conçu à ce sujet

« se réalise, parce que je sais tout le
« bien que votre établissement a déjà
« produit et peut produire dans mon
« diocèse et ailleurs ».

Mgr Debelay, nouvellement sacré,
s'exprime ainsi :

« J'ai appris avec le plus grand
« plaisir votre arrivée à Rome. Je ne
« doute pas que votre présence dans
« la capitale du monde chrétien ne
« soit infiniment profitable à l'établis-
« sement des Dames Religieuses Cé-
« lestines, dont vous êtes le digne et
« zélé fondateur. Connaissant tout le
« bien que cette communauté a déjà
« fait dans les diocèses de Meaux et
« de Troyes (1), et qu'elle est appelée

(1) Les Célestines qui, à cette époque, rési-

« à produire dans les autres parties
« de la France, je forme les vœux les
« plus ardents pour son accroisse-
« ment et sa prospérité. C'est donc
« avec une véritable satisfaction que
« je verrai le Saint-Siége l'enrichir de
« ses grâces et de ses bénédictions.
« La religion et la société auxquelles
« votre Congrégation rend tous les
« jours des services si éminents, ne
« pourront que s'applaudir des pri-
« viléges dont Notre Saint-Père le
« Pape Grégoire XVI daignera l'ho-
« norer ».

A toutes ces faveurs qui accueil-
lirent M. Morey à Rome, vint s'en
ajouter une autre très-rare et très-

daient dans le diocèse de Troyes, ont été retirées
depuis, par M. Morey, pour des motifs particuliers.

précieuse : ce fut le don d'un corps saint, de nom propre, don qui, depuis un certain temps, ne se fait qu'à de grands personnages ecclésiastiques ou civils. C'était le corps entier de sainte Fulgence, jeune martyre de dix-huit à vingt ans, dont le sexe, l'âge et le nom convenaient si bien à des religieuses institutrices, et qui doivent se distinguer surtout par l'esprit de pureté et d'immolation.

Plusieurs mois plus tard, le même Souverain Pontife, Grégoire XVI, s'intéressait encore à l'Institut des Célestines. Dans une lettre du 8 décembre 1844, le P. Vaure, grand pénitencier, écrivait ces lignes à M. Morey : J'ai demandé au Saint-Père sa bénédiction pour vous et vos bonnes reli-

gieuses, selon vos désirs. Sa Sainteté
vous l'accorde à tous et vous souhaite
foi et *persévérance.* Deux mots qui
renferment tous les vœux, et qui for-
meront à perpétuité la devise des
Célestines.

C'est animé par la *foi* que M. Morey
travailla avec *persévérance* à l'affer-
missement de son Institut qui, dans
le principe, devait être unique et se
borner à la Maison de Provins.

Mais les circonstances, et, avant
tout, la divine Providence, voulaient
rendre cette œuvre féconde et lui
donner une plus grande extension.
En sorte que le pieux fondateur des
Célestines put dire comme le saint
fondateur des Visitandines : *Je n'ai
pas fait ce que je voulais, et j'ai fait*

ce que je ne voulais pas. L'un des plus
riches essaims qui se détacha de la
Ruche-Mère, alla s'établir, en 1845,
à Château-Thierry et y fonda un pensionnat dont les succès furent des
plus rapides. « La Maison de dépen-
« dance de Château-Thierry, écrit une
« digne fille de M. Morey, fut l'objet
« d'une sollicitude particulière de la
« part de M. le supérieur. Ce bon père
« comprenait que celles de ses filles
« qui étaient posées dans un diocèse
« étranger, loin de la Maison-Mère,
« réclamaient plus de soins et de
« surveillance. Dans les premières
« années de cette fondation, M. le
« supérieur passait souvent, au milieu
« de ses filles spirituelles, les soirées
« d'hiver, et, comme le bon saint

« François de Sales aux Visitandines,
« il leur inculquait, dans des entre-
« tiens familiers, l'esprit de douceur,
« de charité et de compassion qui
« devait être un de leurs signes dis-
« tinctifs ».

Il n'entre pas dans notre dessein
de faire l'histoire des Maisons de
dépendance de la Congrégation des
Célestines. D'autres s'en chargeront,
je n'en doute pas. Nous ferons seulement remarquer que cet Institut
aurait pu prendre une extension
considérable, d'après les demandes
qui étaient adressées, si M. Morey
n'avait pas jugé à propos de restrein-
dre ce développement, afin de pouvoir mieux surveiller et conserver
l'Esprit propre de sa fondation.

J'appuie expressément sur ces derniers mots, afin de répondre à ceux qui s'imaginent que toutes les congrégations religieuses ont le même esprit et la même raison d'être, et aussi pour justifier M. Morey dans l'établissement des Célestines.

En jetant un regard sur tous les siècles passés, il est facile de voir que la Providence, continuellement attentive aux intérêts religieux du monde, a toujours suscité, selon l'opportunité, des congrégations, dont la spécialité dans la sainteté devait faire contre-poids aux désordres les plus criants de leur époque, et procurer des moyens de salut proportionnés à la malice et à la misère des temps. Sans doute les maux de l'humanité ont toujours été les mêmes essentiellement; mais que de différence dans leur forme et leur intensité ! Aussi les remèdes ont-ils dû être variés, sinon dans leur nature, du moins dans leurs qualités accidentelles, et leur mode d'application.

Les temps présents se distinguent tristement par le *sensualisme*, le *naturalisme*. C'était donc contre cette dégradante passion qu'il fallait s'armer et combattre. C'est la pensée de cette hideuse immoralité qui a fait concevoir à M. Morey le projet d'un institut spécialement consacré à prévenir ou à guérir les maux qu'elle engendre dans les différentes conditions de la vie.

Outre le but extérieur et social, qui est l'éducation et le soulagement des infirmités humaines, le but intérieur et spirituel de l'Institut des Célestines est donc la conservation des bonnes mœurs et la réparation de tous les outrages qui leur sont faits. C'est pour cela que l'Institut professe un culte tout spécial pour le mystère de la Résurrection de Notre-Seigneur, mystère qui correspond évidemment à la vertu angélique, en tant qu'il nous présente la divine humanité de Jésus-Christ comme plus éloignée des sens que dans les mystères précédents de sa vie mortelle.

L'habit religieux d'un Institut doit être, autant que possible, en rapport avec l'esprit qui le caractérise ; il

doit révéler cet esprit et en être
comme le reflet. Or, l'habit de la Célestine proclame aux yeux de tous sa
nature morale et ses tendances. Le
blanc, le bleu ne sont-ils pas des
symboles de candeur et de pensées
toutes célestes? Le nom lui-même de
Célestines (1), n'est que l'interprète
de la vocation de l'Institut. (Les ré-
flexions ci-dessus sont tirées des
écrits de M. Morey pour ses religieuses).

... L'utilité, sinon la nécessité, une
fois reconnue d'un nouvel Institut

(1) Ce nom a été suggéré par M. Roger, supérieur du grand séminaire et vicaire-général de
Troyes; aussi les Célestines l'appelaient-elles
leur parrain. Le ciboire de la première chapelle de
l'Institut, fut le cadeau de baptême donné par
M. Roger.

ainsi compris, on ne peut que bénir
son digne et saint fondateur. Nous
ne sommes donc pas surpris des en-
couragements qui lui furent donnés
par Grégoire XVI, dans l'audience
dont nous avons parlé.

Dans un second voyage que M. Morey fit à Rome, en 1851, il fut également reçu par Pie IX, qui lui témoi-
gna le plus bienveillant intérêt. C'est
ce qu'il nous apprend dans le *Journal* qu'il nous a laissé : « 10 no-
« vembre, j'ai été admis à l'audience
« du Souverain Pontife qui s'est mon-
« tré parfaitement bon ; il a conversé
« avec moi comme un père, et m'a
« rappelé lui-même la visite de sœur
« R.... à Gaëte ». (Il en a été question, page 72).

De même que la première fois,
M. Morey avait profité de son séjour
à Rome pour rayonner vers les sanc-
tuaires les plus vénérés des provinces
voisines, de même aujourd'hui, chan-
geant de contrées, il va en Sicile et
entreprend le pèlerinage du tombeau de sainte Rosalie, à Palerme.
Plus tard, ceux qui recueilleront les
écrits de M. Morey, trouveront dans
ses *Notes* quelques petites pièces de
vers, à l'occasion de ce pèlerinage,
qui ont certainement leur valeur.

Avant de quitter Rome, M. Morey
fut de nouveau gratifié d'un corps
saint, destiné à sa maison de Château-Thierry. Voici le texte que nous
lisons sur son carnet : *Corpus S. Pla-
cidi, inventum cum vase sanguinis sui,*

die 31 *januarii* 1850, *e cœmeterio Pre-textati. Datum* 26 *novembris.* — Corps de saint Placide, trouvé avec le vase de son sang, le 31 janvier 1850, dans le cimetière de Prétextat. Donné le 26 novembre.

En 1863, le supérieur des Célestines voulut une dernière fois faire le pèlerinage de la ville éternelle, et jouir de nouveau, avant de mourir, du bonheur de voir encore l'auguste Pie IX. Il était heureux, en même temps, d'accompagner deux bien chers amis, dont l'un avait été son élève du temps qu'il était supérieur du petit séminaire de Troyes, l'autre, son parent, qu'il regardait comme son fils spirituel, et de se faire leur guide *ad Limina Apostolorum.*

Après quelque temps de séjour dans la Ville sainte, sans aucune préméditation, sans aucune instance de sa part, mais par suite des seules démarches de ses associés de voyage, M. Morey eut l'insigne honneur d'être admis à une audience particulière du Saint-Père, de l'immortel Pie IX. Prévenu quelques heures à l'avance seulement, il voulut néanmoins profiter de cet heureux événement et solliciter la bénédiction apostolique pour sa chère Congrégation. Voici la supplique qu'il présenta (1) :

(1) Notre vénéré Supérieur adressa au Pontife Suprême les quelques paroles suivantes, en se prosternant à ses pieds :

Summo Deo, et Immaculatæ Mariæ et S. Josepho,
et Patri nostro Pio,
Virtus, Honor et Gloria et gratiarum actio.

« Très-saint Père,

« Prosterné aux pieds de Votre Sain-
« teté, le suppliant désire vivement
« que la petite Congrégation des Cé-
« lestines, établie depuis l'année
« 1839, à Provins, diocèse de Meaux
« (France), déjà bénie et approuvée
« de vive voix par votre Paternité
« elle-même, reçoive, en espérant
« pour plus tard une approbation po-
« sitive et revêtue des formalités du
« droit, une bénédiction nouvelle
« écrite, ou simple signature, afin
« que cette Congrégation appartienne
« déjà d'aussi près que possible au
« Saint-Siége, et qu'elle ait une ga-
« rantie de vitalité religieuse pour son
« esprit et sa discipline ».

(Suit l'exposé succinct de l'un et de l'autre).

« Cette Congrégation a pour but :

« 1° La réparation et l'amendement « des mœurs ;

« 2° Le culte spécial du mystère de « la Résurrection de Jésus-Christ ;

« 3° L'enseignement à tous les de- « grés et le soin des malades.

« Elle est gouvernée par une su- « périeure éligible à la majorité des « suffrages des sœurs qui ont au moins « huit ans de profession.

« Elle est dirigée par des prêtres « humblement demandés ou propo- « sés à l'*Ordinaire* par le chapitre de « la Congrégation ».

« Les retraites sont données par « des religieux, et, de préférence,

« avec l'agrément de l'Ordinaire, par
« des religieux du diocèse de la mai-
« son-mère, en ce moment les Ré-
« demptoristes.

« Les établissements de dix sœurs
« au moins, sans être soumis à la
« clôture, admettent pour les sorties,
« la discipline des dames du Sacré-
« Cœur.

« De Votre Sainteté,
« Le fils très-soumis et très-dévoué,

« E. Morey,
« Sup. fond. des Célestines ».

Le Saint-Père, nous en fûmes té-
moins, lut lui-même et accueillit
très-favorablement cette supplique, il
y apposa son auguste signature,
avec ces paroles écrites de sa main :

Benedicat vos Deus et dirigat vos
in omnibus operibus vestris.
(Que Dieu vous bénisse et vous dirige
dans toutes vos entreprises.)

Inutile de faire remarquer l'importance de ce monument. Qu'il suffise de dire que, de par le Souverain Pontife, personnification du droit ecclésiastique, agissant *motu proprio*, il est donné à l'Institut des Célestines une vraie parenté avec toutes les Congrégations reconnues par le Saint-Siége, et, ce qui est encore bien plus précieux, une garantie de succès pour les œuvres de l'autorité immédiate, par la bénédiction écrite que le Pape, comme pape, lui conférait.

. . . .

A partir de son dernier retour de

Rome, M. Morey ne songea plus, pour
ainsi dire, qu'à composer son testa-
ment spirituel, en adressant, chaque
mois, à ses Célestines, des circulaires
capables d'entretenir en elles l'esprit
de leur vocation. Ce Père prévoyant
et dévoué avait déjà, sans doute, avant
cette époque, commencé ce travail
plein de sollicitude. Mais il semble
que, sur le tombeau des apôtres, ré-
chauffé au cœur de Pie IX, il avait,
malgré les années, retrouvé une ar-
deur toute nouvelle, dont il voulait
animer sa chère famille. Chaque
mois donc, et même en certaines
autres circonstances, qu'il jugeait
opportunes, une lettre paternelle s'en
allait à ses filles et les suppliait par
les motifs les plus pieux, les plus pres-

sants de faire honneur à leur beau nom de Célestines. Chacun de ces mois avait ses considérations particulières; mais toutes se rapportaient au but et au progrès de l'Institut (1).

Il est étonnant combien M. Morey, plus que septuagénaire, au milieu de toutes ces préoccupations et de tous ces soins, avait conservé ses larges idées et toute la lucidité de son esprit. Par suite d'un tremblement nerveux, souvent sa main lui refusait son service. Alors il dictait sa pensée à l'une de ses religieuses ; et ses sujets étaient si bien médités, si bien mûris que cinq ou six pages coulaient comme de source, sans

(1) Nous croyons savoir que la collection de ces circulaires est conservée par les Dames Célestines.

s'arrêter et sans qu'aucune rature devînt nécessaire.

Cependant le corps avait ses défaillances, et des symptômes alarmants venaient de temps en temps jeter l'inquiétude et l'alarme dans le cœur de ces religieuses. En juin 1836 une fausse attaque d'apoplexie fit craindre pour les jours de M. Morey, et ses deux parents, prêtres du diocèse de Troyes, furent mandés à la hâte. Mais le cri des enfants éplorés monta jusqu'au ciel, et Dieu consentit à laisser encore à cette famille croissante la surveillance d'un si bon Père. La santé fut donc rendue à M. Morey, et, après quelques semaines de repos, il put reprendre ses occupations habituelles.

Enfin, en octobre 1874, une nouvelle attaque se fit sentir. Cette fois
c'était la fin qui s'annonçait. Muni,
sur sa demande, des Sacrements de
l'Eglise, entouré des soins fraternels
de MM. les prêtres de Provins, en
particulier de ceux de M. le curé de
Saint-Quiriace, sa paroisse, il atten-
dit avec calme l'heure de l'Epoux
céleste. Ses facultés intellectuelles
étaient complétement intactes, et,
jusqu'à son dernier soupir, il sut
converser avec ses pieuses filles,
autant que son infirmité le permet-
tait. Et quand sa langue eut refusé
tout usage, il ne se lassait pas de
leur donner sa bénédiction, voulant
leur faire entendre qu'elles étaient
toujours, en Dieu, l'objet de ses pen-

sées, de sa sollicitude et de son dévouement.

Elles le comprirent bien ces vertueuses et reconnaissantes filles ; car, aussitôt que ce bon Père eut fermé les yeux, elles firent détacher son cœur pour le conserver au milieu d'elles, comme un souvenir impérissable de l'amour du saint fondateur pour son Institut (1) ....

Maintenant, pour terminer, constatons les témoignages d'estime publique donnés à la mémoire du vé-

(1) M. Morey s'éteignit le 15 octobre, jour de la fète de sainte Thérèse, pour laquelle il avait une dévotion toute spéciale. Son intention avait été d'affilier les Célestines à l'Institut des Carmélites, et se proposait de les appeler *Célestines du Carmel*. Lui-même il fut reçu, à Rome, en 1851, tertiaire de l'Ordre des Carmes, à l'autel *du pied* de sainte Thérèse.

nérable M. Morey. Les autorités civiles et judiciaires de la ville de Provins s'étaient fait un devoir d'assister à ses funérailles. M. le sous-préfet, retenu par les audiences forcées du samedi, jour de marché, écrivit, le jour même du deuil, la lettre suivante à la Révérende Mère supérieure :

« Provins, le 17 octobre 1874.

« Madame la supérieure,

« J'ai infiniment regretté de ne
« pouvoir rendre les derniers hon-
« neurs au vénérable directeur de
« l'Institution des Célestines ; mais
« ma matinée d'aujourd'hui a été
« absolument prise et je n'ai pu dis-
« poser d'une heure pour me join-
« dre aux fidèles qui ont rendu un

« dernier et solennel hommage au
« prêtre si distingué par ses vertus
« que pleure votre Congrégation. Le
« fondateur de l'Institut des sœurs
« Célestines a des titres impérissables
« à la gratitude des familles chré-
« tiennes, heureuses de vous confier
« leurs enfants.

　　　　« Veuillez agréer, etc.

　　　　　　« Le sous-préfet de Provins,

　　　　　　　« Paul Bourdier ».

Les journaux des différentes loca-
lités où M. Morey avait des attaches,
s'empressèrent également de faire
son éloge et d'exprimer leurs regrets.

Le *Progrès National* de Troyes disait :

« Encore un des vétérans du sacer-
« doce, nous osons dire, une des gloi-
« res du clergé de notre diocèse, qui
« vient de s'éteindre. M. l'abbé Morey,
« ancien supérieur du petit séminaire
« de Troyes, fondateur et supérieur
« des religieuses Célestines, vient de
« succomber, le 15 de ce mois, à une
« attaque de paralysie, dans la Mai-
« son-Mère de son Institut, à Provins.
« C'était un homme de grande foi,
« de grande générosité, de grandes
« vertus, — une belle âme et un no-
« ble cœur, — comme le savent tous
« ceux qui ont eu l'avantage de le
« connaître. Il était frère d'ordina-
« tion de M. l'abbé Auger, dont il fut
« toujours l'ami intime. Mourant l'un
« et l'autre, à peu de jours d'inter-

« valle, on peut dire d'eux : *Quomodo*
« *in vita sua dilexerunt se, ita et in*
« *morte non sunt separati.* (S'étant
« aimés dans la vie, ils ne furent pas
« séparés dans la mort) ».

L'*Echo de l'Aisne* , journal de l'ar-
rondissement de Château-Thierry ,
s'exprimait ainsi :

« Jeudi dernier, 15 octobre, s'en-
« dormait à Provins, dans la paix du
« Seigneur, plein de jours et de mé-
« rites, M. l'abbé Morey, supérieur-
« fondateur de l'Institut des dames
« Célestines, chanoine honoraire de
« la cathédrale de Troyes. Ce prêtre
« selon le cœur de Dieu n'a cessé,
« dans sa longue carrière sacerdotale,
« de donner les preuves les plus
« convaincantes de sa foi et de son

« amour pour la sainte Eglise. D'a-
« bord supérieur du petit séminaire
« de Troyes, puis fondateur de la
« Congrégation des Célestines à
« Provins, en 1839, M. l'abbé Morey
« n'a jamais eu d'autre pensée que
« de servir l'Eglise et de sauver les
« âmes. Et n'a-t-il pas atteint ce double
« but, ce vénérable prêtre qui a doté
« nos contrées d'une nouvelle famille
« religieuse, remplie de son esprit,
« et travaillant avec tant de succès
« à l'éducation de la jeunesse ? Et
« n'a-t-il pas bien mérité de la ville
« de Château-Thierry en particulier ,
« ce prêtre dévoué qui a fondé aux
« Chesneaux un pensionnat distin-
« gué, où nos jeunes filles reçoivent
« à la fois cette solide instruction et

« cette belle éducation qui leur per-
« met de tenir avantageusement leur
« position dans le monde ?...

« Que les dames Célestines, dignes
« filles de ce vénéré fondateur, reçoi-
« vent donc ici le témoignage de notre
« reconnaissance et de notre sympa-
« thie ; et puisse l'expression de ces
« sentiments adoucir l'amertune de
« la perte qu'elles viennent de faire ».

Enfin , la *Semaine religieuse* de
Soissons entre dans des détails encore
plus intimes, et le pieux auteur de
l'article a su trouver dans son cœur
les plus édifiantes réminiscences :

« M. l'abbé Etienne Morey, chanoine
« honoraire de Troyes, fondateur et
« supérieur de la Congrégation des
« Célestines, vient de mourir à la

« Maison-Mère de Provins, dans sa
« quatre-vingt-unième année.

« Quoique n'appartenant pas de
« droit au clergé du diocèse de Sois-
« son, M. Morey en faisait partie de
« fait , puisqu'il passait ordinaire-
« ment la moitié de l'année dans sa
« maison des Chesneaux de Château-
« Thierry, qu'il affectionnait particu-
« lièrement. Aussi, nos chers con-
« frères qui connaissent la pieuse
« famille des Célestines et qui ont
« pu apprécier la bonté, l'affabilité,
« les vertus si douces et si aimables
« de son vénéré fondateur, s'associe-
« ront-ils au deuil de cette intéres-
« sante communauté.

« M. Morey appartenait au diocèse
« de Troyes par sa naissance ; il fut

7*

« d'abord professeur de théologie
« au grand séminaire et ensuite su-
« périeur du petit séminaire. Il n'a-
« vait alors que trente-six ans. C'était,
« nous écrit-on de Troyes, un des
« sujets les plus distingués de notre
« diocèse ; mais la Providence nous
« l'a enlevé pour l'envoyer à Provins,
« dans le diocèse de Meaux, fonder
« la congrégation des religieuses Cé-
« lestines, qui ont rendu et qui ren-
« dent encore tous les jours de si
« grands services, en se dévouant à
« l'œuvre de l'instruction et de l'é-
« ducation des jeunes filles.

« Il y aura trente-cinq ans au mois
« de décembre prochain que M. Mo-
« rey donnait le voile à ses premiè-
« res filles spirituelles, dont plu-

« sieurs vivent encore, et qu'il fon-
« dait son œuvre à Provins, avec
« le concours de la vénérable Mère
« Marie Chantal, aujourd'hui supé-
« rieure générale des Célestines. La
« divine Providence avait associé ces
« deux grandes âmes pour une œu-
« vre de foi et de zèle, destinée à
« produire des fruits si précieux
« pour la gloire de Dieu et le bien des
« âmes. Les membres de cette pieuse
« communauté s'élèvent aujour-
« d'hui au nombre d'environ deux
« cents.

« La Maison des Célestines de Châ-
« teau-Thierry aura sa part spéciale
« de douloureux regrets dans le deuil
« qui frappe la famille tout entière.
« C'est aux Chesneaux, dans cette rési-

« dence incomparable, que M. Morey
« passait, comme il le disait lui-
« même, ses *quartiers d'hiver*, qu'il
« aimait assez volontiers à prolonger
« quelquefois jusque dans la belle
« saison. C'est là qu'il passa en partie
« les dernières années de sa vie si
« belle et si remplie, entouré de
« cette nombreuse et intéressante
« jeunesse qu'il aimait tant et qui lui
« préparait, on s'en souvient, pour ses
« *joyeux anniversaires*, de si gracieu-
« ses fêtes. Aussi, à la nouvelle de la
« mort de M. Morey, nous avons vu
« briller plus d'une larme dans les
« yeux des anciennes élèves des Ches-
« neaux ; hommage de pieux et affec-
« tueux regret pour le vénéré supé-
« rieur, mais aussi doux souvenir

« des belles années passées si vite,
« si agréablement et si utilement dans
« ce cher pensionnat.

« On peut dire que les dernières
« années du vénérable fondateur des
« Célestines se passèrent aux pieds du
« Saint-Sacrement ; sa foi vive et
« profonde, sa confiance sans bornes
« à la divine Providence faisaient
« toujours l'édification de ceux qui
« avaient le bonheur de vivre dans
« son intimité ; mais ce qui touchait
« jusqu'aux larmes, c'était de voir ce
« vieillard plein de jours, de mérites
« et de vertus, passer presque toutes
« ses journées devant le tabernacle
« et dans une oraison continuelle ;
« c'était de l'entendre prononcer si
« souvent le saint nom de Jésus, avec

« une foi, une ferveur et une onction
« inexprimables.

« Et lui qui, pendant sa vie, avait
« toujours prêté une religieuse atten-
« tion aux coïncidences de dates, il
« est mort le jeudi, jour particuliè-
« ment consacré à honorer le très-saint
« Sacrement, et le 15 octobre, fête de
« sainte Thérèse, fondatrice du Car-
« mel, qu'il avait en particulière
« vénération.

« Heureuse et bénie la commu-
« nauté formée par de telles mains,
« édifiée par de tels exemples !

« Touchante coïncidence encore : la
« veille même de la mort de M. Morey,
« une jeune religieuse Célestine mou-
« rait à Provins, précédant son vénéré
« père dans la tombe, de quelques

« heures seulement ! Ne pourrions-
« nous pas dire, en empruntant le lan-
« gage figuré et toujours si plein de foi
« de M. Morey, que cette âme religieuse
« prenait les devants pour prévenir
« ses sœurs célestes (les Célestines) de
« l'arrivée de leur Père bien-aimé
« dans leur *Maison-Mère*, qui est le
« ciel ?... »

Nous ne pouvons mieux couronner
tous ces témoignages, qu'en citant
une belle parole sortie du cœur d'une
des plus vraies Célestines : « Si les
« contradictions abondèrent dans la
« vie de notre vénéré Père, les conso-
« lations ne lui manquèrent pas. Il
« vit marcher dans le chemin de la
« perfection les nombreuses âmes
« que Dieu lui envoya, et il mourut

« entouré de la respectueuse affec-
« tion de ses filles spirituelles qui le
« pleurent comme un Père, mais
« l'invoquent comme un saint.... »

Les pièces que nous venons de
produire, suffisent pour faire connaître le caractère de M. Morey, caractère orné des plus belles et des plus
riches vertus. Si nous possédions le
recueil complet des lettres qu'il a
écrites, tant pour la direction des
personnes du monde, que pour la
conduite de ses pieuses Célestines,
quel vaste sujet d'édification n'au-
rions-nous pas à offrir en faisant
ainsi mieux lire dans l'intérieur de
cette âme d'élite ! nous y verrions
briller cette foi évangélique qui, dans
plus d'une occasion, lui fit transpor-

ter des montagnes de difficultés.
C'était bien le juste vivant de la foi
« et de l'esprit de foi, sans lequel
« rien, rien, écrivait-il, et avec lequel
« tout, absolument tout ». Sa foi en la
divine Providence allait jusqu'au
plus entier abandon. *Je suis*, disait-il
souvent, *l'enfant gâté de la Providence ;*
elle ne m'a jamais fait défaut. Mais,
comme l'a si bien fait remarquer le
spirituel auteur de l'article de la
Semaine religieuse de Soissons, c'était
envers Jésus dans l'Eucharistie que
la foi de M. Morey se montrait plus
sensible et plus expansive. Très-fré-
quemment on l'entendait adresser
ses oraisons jaculatoires au *divin*
amant, à l'*adorable prisonnier* du
tabernacle. (Nous avons de M. Morey

quelques poésies sur l'Eucharistie
qui ne sont certes pas à dédaigner).

A ce culte privilégié pour Jésus, il
joignait une tendre et filiale dévotion
à Marie et à Joseph. Sur le modèle de
cette Trinité terrestre, il avait fondé
une société trinaire dont les membres
ne devaient former qu'une âme et
qu'un esprit dans l'union avec Jésus,
Marie et Joseph (1). La publication

(1) C'est peut-être ici l'occasion de dire un
mot des idées un peu mystiques reprochées à
M. Morey. Laissons-le lui-même répondre : « Ne
« confondons pas mysticisme avec mysticité »,
écrivait-il, « le mysticisme est à la mysticité, ce
« que le philosophisme est à la philosophie. Je
« repousse le mysticisme condamné par l'Eglise,
« mais je veux la mysticité, fine fleur de la théo-
« logie morale, sans laquelle on ne connaît point
« parfaitement la direction des âmes, et on peut
« y faire bien des fautes, même avec un grand zèle.
« Du reste, elle appartient au symbolisme dont la
« nature est remplie. La mysticité, c'est la clef du

des écrits de M. Morey révélera sans
doute un jour tout ce que son cœur
renfermait de sentiments religieux,
de trésors de piété et de parfaite confiance envers ces célestes protecteurs.
Sans vouloir devancer l'heure de
l'opportunité de cette manifestation,
disons seulement que dans les premières années de la fondation de son
Institut, dans les temps les plus difficiles, il avait constitué Jésus et
Marie *supérieurs,* et Joseph père nour-

« tabernacle de la création où Dieu se cache avec
« ses divers attributs aux yeux des mortels. Mal-
« heur à ceux qui ne savent pas se servir de cette
« clef. D'ailleurs les écrits des SS. Pères sont pleins
« de *ma* mysticité, et je n'en veux pas d'autre
« que la leur, maintenant que mes censeurs disent
« ce qu'ils entendent par mysticité, et je leur
« répondrai hardiment et même victorieusement,
« armé par la plus parfaite orthodoxie ».

ricier de sa famille spirituelle. Voici
ce que nous lisons, tracé de sa main,
sur une image de sainte Philomène :

« 1850, 18 janvier, ai pris Notre-
« Seigneur pour Supérieur spécial des
« Célestines, et Marie, la Sainte Vierge,
« pour Supérieure spéciale :

« E. Morey, supérieur délégué de
« Jésus et Marie ; saints anges, Philo-
« mène et Fulgence, ministres de nos
« deux Supérieurs, aidez-moi.

« — 6 février 1851, pris de nouveau
« saint Joseph pour notre économe et
« lui ai confié toutes nos affaires
« temporelles ».

Après Jésus, Marie et Joseph, parmi
les bienheureux du ciel, il se com-
plaisait à invoquer encore avec pré-
dilection saint Michel, qu'il appelait

son *patron de choix*. A la vue des oppositions, des défections et des apostasies causées par l'orgueil, dont nous sommes journellement affligés, il répétait souvent avec le saint archange : *quis ut Deus*, qui est semblable à Dieu ?

— Ici encore nous possédons une pièce de vers sur saint Michel et le *quis ut Deus*, que nous communiquerons volontiers plus tard. —

Si M. Morey avait un culte si religieux pour le Chef de la milice céleste, il n'avait pas une moindre vénération pour le vicaire de Jésus-Christ, le chef des ministres de Dieu sur la terre.

Dès ses jeunes années, au milieu des idées gallicanes qui dominaient alors, il était déjà, de tout son cœur, dévoué à la chaire et à la doctrine de Pierre. « Malgré l'esprit, sinon « l'enseignement positif des maîtres « de mon éducation cléricale », disait-il lui-même, « je suis resté franc ca- « tholique et comme avec l'instinct « providentiel de la vérité romaine, « dont maintenant la théorie me « paraît inexpugnable et évidente « comme le soleil en plein · jour, « *non ego, sed gratia*. (Le mérite n'en « est pas à moi, mais à la grâce) ».

Aussi, quelle ne fut sa joie quand il apprit la convocation d'un Concile qui devait prononcer l'infaillibilité du Souverain Pontife ! « Allons, con- '« tinuez », écrivait-il, « continuons « de marcher fermes, appuyés sur le

« roc de Pierre, et, par les prières,
« hâtons le moment si désiré pour
« les uns, si redouté pour les autres,
« d'une définition qui l'emporte peut-
« être sur toutes celles de la catholi-
« cité dans le passé de l'Eglise mili-
« tante, adieu, dans le cœur de Celui
« qui est appelé la pierre angulaire
« de l'édifice bâti par et pour la vraie
« Vérité, à laquelle honneur et gloire,
« puis, s'il le faut, notre vie elle-
« même ».......................

....

Dans une autre lettre, il disait :
« Oui mille fois, oui toujours : Vive
« Pie IX, personnification de la Vé-
« rité ! Vive sa chaire, centre d'infail-
« libilité ! quoi qu'on en dise avec
« Bossuet, il faut en finir et que l'on

« dise bientôt : Dieu seul est grand,
« *quis ut Deus !* ».....

Enfin, dans une troisième, il ajou-
tait : « En attendant les définitions
« du Concile, voici ma croyance au
« sujet de l'infaillibilité pontificale :
« le Pape étant Jésus-Christ en terre
« (comme il a été dit par un petit
« pâtre) il ne peut pas plus se trom-
« per que le divin Maître lui-même.
« En conséquence, je crois que le
« Souverain Pontife, en vertu de sa
« mission et des promesses particu-
« lières qui lui ont été faites dans la
« personne de Pierre, ne faillira ja-
« mais dans ses enseignements à
« l'Eglise, et je le crois, d'après la
« tradition elle-même, d'une croyance
« qui approche de très-près aussi de

« celle que la foi du *Credo* demande
« à tous les fidèles de la catholicité ».

Presque dans toutes ses lettres
s'échappait de son cœur un chant
d'amour pour Rome et son auguste
Pontife. « O Rome », s'écriait-il,
« l'objet des complaisances de Dieu
« le Père et de son Fils !... O Rome, le
« centre de la plus haute paternité
« d'ici-bas, qui me séparera de toi,
« de la charité de ton Christ ? *quid*
« *est Papa, nisi Christus in terra ?* »

A cette soumission doctrinale, venait se joindre le dévouement le plus
filial et l'abandon le plus généreux
du peu qu'il possédait, à la personne
de Pie IX, victime innocente de la politique humaine et de la rapacité des
hommes. Malgré sa pauvreté, car il

8

avait consacré tout son patrimoine à la fondation de sa Maison, ainsi que nous l'avons déjà fait remarquer, M. Morey savait se priver afin de pouvoir donner à l'indigent prisonnier du Vatican. Invité par un confrère à une réunion convoquée à son intention, il répondit : « Je n'ai pas « dans ce moment de quoi suffire aux « frais d'une absence tant soit peu « distante et prolongée. C'est une « confidence que l'on peut faire « à des amis du denier de saint « Pierre et de l'armée pontificale. Si « l'exposition ne m'a pas vu, proba- « blement ne doit pas me voir, la « cassette de Pie IX en sera la « cause »...

« Pour vous, rien de caché », écri-

vait-il encore, « aux vingt francs sous-
« crits pour les noces d'or de Pie IX,
« j'ai pu ajouter la modique somme
« de dix francs. Franchement, je suis
« pourtant bien pauvre et j'ai bien
« des charges, mais mon Père, sous
« un rapport, est plus pauvre que
« moi, et je me décharge en lui don-
« nant. Je ne sais du reste comment
« cela se fait, mais je prends presque
« journellement dans ma bourse, et
« j'y trouve toujours cinq sous »...

Cependant ces attaches spirituelles
ne lui faisaient pas rompre les liens
nécessaires de ce monde. Il savait
aux choses terrestres donner l'intérêt
légitime qu'elles réclament selon
Dieu. « Est-ce que », disait-il, « nous
« pouvons détourner un instant les

« regards de la raison, de la foi, de
« la piété chrétienne, sacerdotale,
« catholique, filiale, patriotique, que
« provoquent tant d'événements, de
« paroles, de spectacles enfin !...
« Mon Dieu, que votre miséricor-
« dieuse justice et les mystères de
« votre amour les fixent, les arrêtent
« ces regards, pour notre paix et le
« commencement de notre immuable
« repos dans votre éternité, *amen,*
« *amen, amen !* »

..... S'il fallait, à présent, parler
de la bonté de M. Morey, de sa charité
dans les relations sociales, on pourrait assurer que peu d'hommes ont
été meilleurs. « Si je pèche », disait-
il lui-même, « j'aime mieux pécher
« par excès d'indulgence que par trop

« de sévérité ». Et quand il était obligé de condamner des actes évidemment coupables, il cherchait toujours du moins à innocenter les intentions. Puis, enfin, pour inspirer aux autres la commisération à l'égard des tombés, il avait soin d'ajouter : *qui stat, videat ne cadat,* que celui qui est debout, prenne garde de tomber.

Ces dernières paroles nous montrent que M. Morey avait pris pour base de toutes ses vertus cette solide et inaltérable humilité que nous avons déjà admirée en lui plus d'une fois. C'est dans ces humbles sentiments que, malgré les travaux de toute sa vie, il ne voulait être compté pour rien. Après nous avoir recom-

8*

mandé une de ses œuvres, il finissait par ces paroles : « Puis, hélas, priez « pour celui qui est *minimus funda-* « *torum, qui non est dignus vocari* « *fundator, quoniam male ædificavit* « *Ecclesiam Dei* », (priez pour celui qui est le moindre des fondateurs, qui n'est pas même digne d'être mis au nombre des fondateurs, parce qu'il a mal édifié l'Église de Dieu). « Après le *gratia Dei sum id quod* « *sum,* je n'ose ajouter : *et gratia* « *ejus in me vacua non fuit* », (après avoir dit : c'est par la grâce de Dieu que je suis ce que je suis, je n'ose conclure : et sa grâce ne fut pas vaine en moi).

Ne semble-t-il pas que M. Morey avait pris pour règle de sa vie entière l'exemple du parfait modèle résumant toutes ses vertus dans ces deux mots, qui doivent faire la devise du chrétien, et surtout du prêtre : *mitis* et *humilis*, doux et humble ? ....

FIN

Bar-le-Duc. — Typ. des Célestins. — Bertrand.